BEI GRIN MACHT SICH IHR
WISSEN BEZAHLT

- Wir veröffentlichen Ihre Hausarbeit,
  Bachelor- und Masterarbeit

- Ihr eigenes eBook und Buch -
  weltweit in allen wichtigen Shops

- Verdienen Sie an jedem Verkauf

Jetzt bei www.GRIN.com hochladen
und kostenlos publizieren

Nancy Grützbach

Über "Was sich liebt, das nervt sich" von Jean-Claude Kaufmann

GRIN Verlag

Bibliografische Information der Deutschen Nationalbibliothek:

Die Deutsche Bibliothek verzeichnet diese Publikation in der Deutschen National-bibliografie; detaillierte bibliografische Daten sind im Internet über http://dnb.d-nb.de/ abrufbar.

Impressum:

Copyright © 2011 GRIN Verlag GmbH
Druck und Bindung: Books on Demand GmbH, Norderstedt Germany
ISBN: 978-3-656-12011-7

Dieses Buch bei GRIN:

http://www.grin.com/de/e-book/188184/ueber-was-sich-liebt-das-nervt-sich-von-jean-claude-kaufmann

GRIN - Your knowledge has value

Der GRIN Verlag publiziert seit 1998 wissenschaftliche Arbeiten von Studenten, Hochschullehrern und anderen Akademikern als eBook und gedrucktes Buch. Die Verlagswebsite www.grin.com ist die ideale Plattform zur Veröffentlichung von Hausarbeiten, Abschlussarbeiten, wissenschaftlichen Aufsätzen, Dissertationen und Fachbüchern.

Besuchen Sie uns im Internet:

http://www.grin.com/

http://www.facebook.com/grincom

http://www.twitter.com/grin_com

Kaufmann, Jean-Claude (2007), Was sich liebt, das nervt sich. Konstanz: UVK. Preis: 19,90 Euro

Nancy Grützbach

Verliebt sich ein Mensch, scheint der Anzubetende makellos zu sein. Doch früher oder später gehen die rosaroten Brillen verloren und die Partner müssen der meist weniger schönen Realität ins Auge blicken. Über das Verliebt sein, die Liebe und Partnerschaft ist schon viel geschrieben worden. Da innerhalb einer Paarbeziehung stets zwei Individuen mit unterschiedlichen Prinzipien und Werten aufeinandertreffen, werden immer auch Eigenschaften aneinander entdeckt, die weniger gefallen. *Jean-Claude Kaufmann* widmet sich in seinem Buch *„Was sich liebt, das nervt sich"* genau diesen Differenzen und dem daraus resultierenden Ärger. Bezüglich dieses Themas generiert er mithilfe qualitativer Interviewtechniken Hypothesen. Anhand von Einzelfällen verfolgt er die Entdeckung von Zusammenhängen und Wechselwirkungen innerhalb von Zweierbeziehungen. Diese sind als auf Dauer angelegte Beziehungen zweier Personen des gleichen oder unterschiedlichen Geschlechts zu betrachten und zeichnen sich durch besondere Zuwendungen und Sexualität aus (Vgl. Lenz 2008: 692f). Er stellt dabei fest, dass die Gefahr eben für diesen Ärger umso größer ist, je näher sich zwei Menschen stehen (26). Für das vorliegende Buch, welches im Original 2007 mit dem Titel *„Agacements. Les petites guerres du couple"* in Frankreich erstmals veröffentlicht worden ist, hat sich *Kaufmann* selbst zum ersten Mal nicht der auditiven Interviewmethode der Tonbandaufnahme bedient. Stattdessen ist die Informationsbeschaffung für seine Analyse über Teilnahmeaufrufe in französischen, belgischen und schweizerischen Tageszeitungen sowie illustrierten Zeitschriften zu Stande gekommen. Der Autor, der sich bereits in anderen Werken mit unterschiedlichen Fragen rund um die Paarbeziehungen beschäftigt hat, führte mit den Interessenten per E-Mailkontakt narrative Interviews durch. Die Befragten sollten in einem Bericht frei über ihre Erfahrungen mit dem Ärger innerhalb ihrer Paarbeziehungen berichten. Für die Generierung der Hypothesen richtete *Kaufmann* im Anschluss daran weiterführende Fragen an die Probanden (245f).

Auf 279 Seiten und in drei Hauptteile aufgegliedert, will der Autor den Lesern anhand von Erfahrungen und Verhaltensmustern der Befragten näher bringen, was Ärger genau ist, wie er zu Stande kommt und sich ausweitet. Schlussendlich geht er darauf ein, wie ein Paar oftmals mit diesem Ärger umgeht. In der Tradition der soziologischen Analyse richtet *Kaufmann* bei seinen Analysen nicht den Fokus auf die Individuen an sich, sondern auf deren Miteinander und auf die sich wiederholenden Handlungsmuster. Vergleicht man seine Darstellungen mit den Ebenen einer soziologischen Analyse, lassen sich vor allem Rückschlüsse auf den Beziehungsalltag, also auf die Handlungsebene der Paare ziehen. Dabei zitiert er in seinen Abhandlungen häufig ganze Passagen aus den Erzählungen seiner Probanden über den Umgang miteinander, wodurch dem Leser die Möglichkeit eröffnet wird, sich mühelos in diese Situationen und Paare hineinzuversetzen. Die drei angesprochenen Hauptteile gliedern sich in insgesamt sieben Kapitel auf, welche wiederum aus sechs bis neun kurze Unterkapitel bestehen. Inhaltlich folgen diese Abschnitte stets einem wiederkehrenden Muster. Zunächst folgt eine These, die der Autor bezüglich des Themas generiert hat. Mithilfe von alltagspraktischen Beispielen, die er aus seinen gewonnenen Informationen in wörtlicher Rede oder paraphrasierend wiedergibt, werden auf den zwei bis neun Seiten umfassenden Unterkapiteln die Zusammenhänge erklärt, welche das Zustandekommen seiner Annahmen verdeutlichen.

Bereits in seiner Einleitung widmet sich *Kaufmann* einer Begriffserklärung des Wortes Ärger. Er unterscheidet hierbei zum einen den gleichförmigen und impulsiven Ärger, der sich wiederum von Gewalt und Entrüstung abgrenzt. Im ersten Teil des Buches heißt es, dass der Ärger entsteht, weil das „implizite Gedächtnis" nicht mit dem geheimen Plan des Einzelnen übereinstimmt. In diesem Zusammenhang bezieht sich der Autor auf die Erkenntnisse der Kognitionswissenschaften. Demnach entstehen unbewusste Reflexhandlungen durch sogenannte Schemata im menschlichen Gehirn, welche jenen geheimen Plan eines jeden Menschen entstehen lassen. Vertraute Dinge unterliegen somit einer visuellen und taktilen Ordnung. Treten Konflikte zwischen diesen Speichermodalitäten auf, ist das Individuum um die Aufhebung dieser Dissonanzen und die Wiederherstellung der Kohärenz der beiden Gedächtnishälften bemüht (18f.). Im Anschluss an diese wissenschaftliche Erklärung macht *Kaufmann* deutlich, dass der Ärger innerhalb einer Paarbeziehung nicht ausschließlich etwas Negatives sein muss, sondern auch ein Zeichen für das Zusammenwachsen der beiden Partner und eine Antriebsenergie für die Beziehung ist (25). Die durch ihr bisheriges Umfeld geprägten Individuen haben sich einen eigenen Automatismus angeeignet, der sich von dem Automatismus der jetzt nahestehenden Person unterscheidet (21). Demnach ist die Paarbeziehung nach Auffassung des Autors besonders in der ersten Phase des Anpassungsprozesses anfällig für Ärger (26). Kaufmann stellt die Gesellschaft als aggressiv und destabilisierend dar, in der „[…]die Paarbeziehung heute immer mehr als Instrument des Trostes und der Selbstvergewisserung[…]" wirkt (34). Der Partner will sich in der Gegenwart des Anderen wohlfühlen. Doch diese Ungezwungenheit führt sowohl zum Einschleichen der Routine in den Alltag als auch zum Verlust der Schamgrenzen, wodurch wiederum neue Quellen des Ärgers hervorgebracht werden (35). Der Ärger kann die Beziehung somit stärken, den Partnern aber auch verdeutlichen, dass die Verhaltensweisen des Gegenübers von den eigenen Idealen abweichen (38). Je mehr Zusammenhalt nötig ist, beispielsweise bei der Erziehung von Kindern, desto größer ist die Gefahr für Ärger (42). Allerdings distanziert sich *Kaufmann* von der Ansicht des italienischen Soziologen und Journalisten *Francesco Alberonis*, für den die Festigung einer Paarbeziehung gleichzeitig den Verlust von Leidenschaft bedeutet (45).

Die Gemeinsamkeiten und Unterschiede zwischen beiden Geschlechtern beleuchtet der Autor im zweiten großen Abschnitt des ersten Hauptteils. Demnach übernimmt eine Person aus der Paarbeziehung die Rolle des Hauptdarstellers, welcher als Leiter für die Herstellung eines gemeinsamen Modells Entscheidungen trifft sowie nach Lösungen für aufkommende Probleme sucht. Der Nebendarsteller muss dagegen die Dominanz des Anderen akzeptieren und darf seine eigene Meinung nicht kund tun (59f). Da der männliche Partner laut Kaufmann die Dinge meist nicht zur Zufriedenheit der Frau erledigt, nimmt sie diese lieber eigens in die Hand und übernimmt somit die Rolle des Hauptdarstellers. Der männliche Nebendarsteller versteckt sich sodann „[...] unter dem Deckmantel der Inkompetenz […]" (62). Die Vorstellung über die Rollenübernahme, welcher sich ein Subjekt unterzieht, ist schon bei dem Soziologen *Erving Goffman* ein Thema. Diese Rollen sind folglich als ganz bestimmte Handlungsmuster zu sehen, die sich innerhalb von gewissen Situationen entwickeln (Vgl. Goffman 1969: 18).

Daraus ableitend stellt sich für *Kaufmann* die Frage, ob sich ein Mann zudem weniger als seine Partnerin ärgert. Er räumt eigens ein, dass die vollständige Beantwortung dieser Frage einer statistischen Datenerhebung von schwer zu formulierenden Gefühlen bedürfe. Allerdings gibt er in diesem Zusammenhang zu bedenken, dass mehr Frauen seiner Aufforderung, sich über den Partner zu beschweren, nachgekommen sind. Jedoch liegt es laut *Kaufmann* auch in der Natur der Männer, weniger gern über Vertrauliches zu sprechen. Sodann ergibt sich hier für ihn erneut eine typische Rollenverteilung. Die Frau sucht nach Kommunikation, der Mann nach Sexualität (66f). Die männliche Taktik des Rückzugs verärgert eine Frau sodann in doppelter Hinsicht (71). Letzten Endes bleibt ungeklärt, ob sich eines der beiden Geschlechter generell mehr ärgert. Dennoch kann die Frage ein Anknüpfpunkt für weitere mögliche Auseinandersetzungen bezüglich der geschlechterspezifischen Unterschiede sein.

Das kindliche Verhalten der Männer war ein weiteres, oft von den Frauen kritisiertes Phänomen. *Kaufmann* geht hier auf das von *Dan Kiley* verfasste Buch *„Das Peter-Pan-Syndrom"* ein. In Folge der emanzipatorischen Bewegung sind die Männer theoretisch dazu angehalten, im Haushalt mitzuhelfen. Da sie trotzdessen versuchen die alten Hierarchien in gewisser Weise fortzuführen und ihre „biologische Uhr" langsamer als die der Frauen tickt, verfallen sie in die Rolle des sorglosen Kindes (76). Ob der Nebendarsteller diese Rolle nicht ablegen kann oder will, bleibt für den Leser allerdings ebenfalls unklar.

Im zweiten Hauptteil des Buches beginnt *Kaufmann* die Ursachen für den Ärger in Paarbeziehungen aufzuzeigen und bedient sich dafür erneut der alltagspraktischen Beispiele seiner Interviewten. Allerdings weist er schon im Voraus darauf hin, dass eine vollständige Klärung der Ursachen einer statistischen Arbeit bedürfe (88). Die Zahnpastatube, welche auch auf dem Buchcover zu sehen ist, deklariert er als einen von vielen alltagstypischen Gegenständen, welche großen Ärger auslösen können. Entscheidend für ihn ist in diesem Zusammenhang, dass dieser Ärger durch die unterschiedlichen Verhaltensweisen im Umgang mit diesem Objekt entsteht (89). Jedes Paar hat demnach gemeinsame allgemeingültige Prinzipien, die die Grundlage für die tägliche Arbeit zur Entstehung einer Einheit sind (102). Auch *Goffman* spricht von ähnlichen Ordnungsprinzipen, den sogenannten „Rahmen", beziehungsweise „frames" (Vgl. Goffman 1977: 19). Durch diese „Rahmen" wird den Subjekten einerseits die Möglichkeit gegeben, bestimmte Situationen zu entschlüsseln und sich andererseits angemessen in diesem „social occasion" zu verhalten (Vgl. Ebd., 274). Für *Kaufmann* ist ausschlaggebend, dass es in einer Paarbeziehung trotz oder eher aufgrund der emotionalen Verbundenheit immer auch bestimmte gegensätzliche subjektive Vorstellungen gibt. Es finden Kristallisationen statt, in denen das Subjekt seinen Ärger nicht länger für sich behält, sondern dieser sich explosionsartig entlädt (102). Neben den Ausbrüchen dieser unangenehmen Seiten sind Paarbeziehungen zudem durch ein hohes Maß an Zuwendung und Liebe zueinander geprägt. Das Vertrauen und die emotionale Verbindung lassen eine „besonders ausgeprägte Interdependenz" entstehen (Vgl. Lenz 2008: 689). Gleichzeitig gibt es zeitweise kaum Rückzugsmöglichkeiten für die Partner. So sind sie teilweise unvermeidbaren Situationen ausgesetzt, in denen sie sich nahe sind, diese Nähe allerdings schlecht ertragen können. *Kaufmann* bringt diesbezüglich das Beispiel des

Autofahrens an. Hier treffen die gegensätzlichen Idealvorstellungen von der Geschwindigkeit, dem Fahrstil im Allgemeinen und der Lautstärke des Radios zusammen und geben dem Ärger zusätzlich Nahrung (94). Auch die unterschiedlichen Vorstellungen bezüglich des Umgangs mit Geld werden als Ursache deklariert. Die Meinung, dass die Frau hier den sorglosen Part übernimmt (104f), reiht sich in die übrigen Pauschalisierungen des Autors bezüglich den Unterschieden zwischen Mann und Frau ein. *Kaufmann* rät dazu, Gespräche bezüglich bestimmter Werte zu meiden, von denen man weiß, dass sie denen des Partners völlig widersprechen (107). Solche Unterhaltungen und die persönlichen Empfindungen durch die Entfernung oder die Bedrängung eines Partners sieht er ebenfalls als Ursache für den Ärger in Paarbeziehungen an. Zum einen empfindet derjenige, der die Nähe und Zärtlichkeit gesucht hat, die Ablehnung des Anderen als eine Abweisung seiner Liebe und seiner eigenen Person. Zum anderen fühlt sich der Partner, welcher seine Privatsphäre gesucht hat, eingeengt und bedrängt (112f). Daher versuchen heute immer mehr Paare durch getrennte Wohnungen dem Alltag zu entfliehen (116). Bricht der Ärger aus einer Person heraus, ist das Gesagte nicht einfach rückgängig zu machen. Soll die Beziehung weiterhin Bestand haben, muss sich ein Identitätswandel bei einem oder beiden Partnern einstellen. Sodann ist die Beziehung von einem ständigen Kampf mit dem Ziel geprägt, dass die Anziehung zueinander gegenüber den Ärgernissen überwiegt (136). Hinsichtlich der Problematik des Fremdverstehens wird darauf hingewiesen, dass unterschiedliche Interpretationen von Sachverhalten einerseits den Zorn aufeinander schüren können, (141) weil der „gemeinte Sinn" die Erlebenden gebunden und für alle Anderen unzugänglich ist. Andererseits sind die tatsächlichen Diskrepanzen nur selten direkt mit dem Wutausbruch verbunden. *Kaufmann* bezieht sich bei der Darstellung der Ausweitung des Ärgers vor allem auf das familiäre Umfeld der Partner. Tritt man in eine Paarbeziehung ein, löst man sich gleichzeitig von der Familie ab (150). Doch da aus dieser Mikroebene moralische Vorstellungen und Prinzipien in die Beziehung reingebracht worden sind, bleibt man stets mit ihr verbunden. Für *Kaufmann* unterliegt die Beziehung einem Paarzyklus, der aus drei Stufen besteht. Der Ärger über die unterschiedlichen Lebensweisen zeigt sich demnach vor allem in der ersten Phase der Beziehung. Es schließt sich die zweite Phase an, in der sich jener Ärger abschwächt (155). In der dritten Phase werden jedoch negative Ähnlichkeiten zwischen dem Partner und seiner Familie festgestellt, sodass die Beziehung erneut für Ärger anfällig ist (162). Wann genau diese Phasen einsetzen, wird dem Leser nicht eröffnet. Auch das Gefühl Vernachlässigung und die öffentliche Missachtung durch den Partner sowie der Ekel sind für den Autor Beispiele von Faktoren, die den Ärger ausweiten können.

Im ersten großen Kapitel des dritten Teils des Buches befasst sich *Kaufmann* zunächst mit den Schwierigkeiten im Umgang mit dem Ärger. Resultiert aus ihm ein Wutausbruch, ist dieser zwar befreiend, doch werden dadurch keine Lösungen für die Ursachenbekämpfung des Ärgers gefunden (187). Auch durch nonverbale Reaktionen wie das Gestikulieren oder das Lachen wird versucht, sich aus einer ärgerlichen Situation zu winden. Das kann allerdings dazu führen, dass sich der Partner zusätzlich provoziert fühlt. *Kaufmann* geht im Folgenden besonders auf kleine Racheakte in einer Beziehung und auf den Begriff des sogenannten „stillschweigenden Rückzugs" ein, welcher von *Albert O. Hirschman* geprägt worden ist. Demnach behält ein sich ärgernder Partner zunächst die Loyalität bei, registriert dennoch die negativen Punkte des anderen. Einem langsamen Rückzug folgt eine stillschweigende Flucht. Der Flüchtende will dadurch eine Krise verhindern und sein inneres Gleichgewicht wiederherstellen (202f).

Die Systematik seiner Darstellungen beibehaltend, befasst sich der Autor im letzten Kapitel „Heimliche Liebe" mit den Umgangsformen und der Kommunikation zwischen den Partnern als Reaktion auf den Ärger. Damit eng verbunden ist der Begriff der Interaktion. Treffen Personen zusammen, können sie sich einerseits intensiv miteinander austauschen. Andererseits sind sie speziellen Gefahren ausgesetzt (Vgl. Lenz 1991). So kann laut *Kaufmann* die Veränderung des Verhaltens zum einen die Schaffung einer individuellen Distanz und die Milderung des Ärgers herbeiführen. Gemeint sind damit Freizeitaktivitäten oder bestimmte abreagierende Gesten. Der Autor geht zum anderen auf das Schmollen als „imaginären Gegenangriff" (225) ein. Es soll weder rachsüchtig wirken noch den Eindruck erwecken, dass wieder zur Normalität zurückgekehrt wird. Neben diesen externen Vorgängen helfen interne Vorgänge, wie das Träumen, für die Wiederherstellung der Kohärenz. Schlussendlich erhebt *Kaufmann* den moralischen Zeigefinger und ruft dazu auf, den Partner nicht nur auf seine Fehler zu reduzieren, die den Ärger schüren, sondern im Besonderen seine guten Charaktereigenschaften zu beachten (236).

Er reiht sich mit diesem Buch in die Erforschung von persönlichen Beziehungen ein. Im Speziellen analysiert er aus mikroperspektivischer Sicht Interkationen innerhalb von Paarbeziehungen. Wie schon erwähnt, knüpft er an die Erkenntnisse verschiedener Soziologen an. Hinsichtlich der Darstellung von Handlungsabläufen und Interaktionen nimmt er beispielsweise auf die „Rahmen-analyse" von *Erving Goffman* Bezug.

Kaufmann zeigt selbst einige Grenzen seines Buches auf. Hinsichtlich seiner Informations-beschaffung räumt er beispielsweise zum einen ein, dass er nur einige Paare und deren Geschichten bevorzugen und andere Befragte in einen weniger intensiven Dialog verstri-cken konnte, um die augenscheinlich besonders interessanten Verhaltensweisen zu be-leuchten. Zum anderen profitiere seine Datenanalyse von dem hohen Informationsgehalt durch die E-Mailkontakte. Er bedaure dennoch den Verlust der Spontanität des Gesprächs zwischen den Interviewpartnern. Er hält es jedoch nicht für bewiesen, dass die Ehrlichkeit bei der Beantwortung seiner Fragen unter der persönlichen Abwesenheit des Forschers leidet (247).

Über diese kritische Selbstreflexion hinaus, sind allerdings weitere Grenzen des Buches aufzeigbar. Auffällig sind beispielsweise die überrepräsentierten Stellungnahmen von Frauen. *Kaufmann* erklärt zwar, dass die Männer sich weniger gern zu vertraulichen Din-gen äußern als Frauen (65). Doch somit wird dem Leser einerseits weniger die Möglichkeit gegeben, sich in Empathie gegenüber den Männern und ihren Denk- und Verhaltensweisen zu üben. Andererseits befinden sich unter den Befragten keine Personen in einer homose-xuellen Beziehung. Hinsichtlich der heutigen vielfältigen Beziehungsformen müssen je-doch sowohl hetero- als auch homosexuelle Verbindungen in den Begriff der Paarbezie-hung einbezogen werden (Vgl. Lenz 2008: 292). Daher können die Erkenntnisse Kauf-manns lediglich auf heterosexuelle Beziehungen hinsichtlich der Ursachen und des Um-gangs mit Ärger behandelt, jedoch nicht als allgemeingültige Regeln deklariert werden. Weiterhin bleiben im Rahmen dieser qualifizierten Analyse zum einen kulturelle Unter-schiede unbeachtet, zum anderen soziale Unterschichten unterrepräsentiert. Dieser Sach-verhalt erklärt sich daraus, dass diese Personen die Inserate *Kaufmanns* möglicherweise nicht gelesen haben, da sie nicht die typische Leserschaft der Zeitungen darstellen. Des Weiteren haben sozial Schwache erfahrungsgemäß wenig Interesse daran, überhaupt an solchen Befragungen teilzunehmen.

Um die Entstehung des Ärgers zu erklären, greift er zu Beginn des Buches auf die Erkennt-nisse der Kognitionswissenschaften zurück. Allerdings bleiben Erwartungen zu weiteren wissenschaftlichen Bezügen außerhalb der Soziologie unerfüllt. Zudem ist auffällig, dass die für wissenschaftliche Werke typischen Literaturnachweise im Text größtenteils fehlen. Daher ist es schwierig, direkt auf die verwendete Primärliteratur zurückzugreifen. Aller-dings sind in der Bibliografie mehr als sechzig Werke zu finden, auf die sich *Kaufmann* bezieht, sodass der Eindruck einer professionellen Arbeitsweise vermittelt wird.

Dennoch erwecken die Analyseergebnisse durch die Zitate aus den Interviewergebnissen den Anschein, der Autor wolle jegliche geschlechterspezifische Klischees bestätigen.

Neben der Kritik an der Vorgehensweise der Datenerhebung und -verwertung bieten auch gewisse Ansichten und Ratschläge des Autors eine Angriffsfläche für Kritik. So ist *Kaufmann* beispielsweise der Auffassung, dass unvereinbare Ansichten und Moralvorstellungen in der Paarbeziehung voreinander unausgesprochen bleiben sollten. Folgt man der Ansicht, dass mit der Enge einer persönlichen Beziehung auch die Möglichkeit steigt, sich so zu geben, wie man tatsächlich ist (Vgl. Lenz 2008: 690), wird *Kaufmanns* Ansicht zu einer streitbaren These. Darüber hinaus lässt sich die weiterführende Frage entwickeln, wie viel Ehrlichkeit und Offenheit eine glückliche Beziehung benötigt oder wann ihr dadurch geschadet wird.

Wenn man liest, dass die heutige Gesellschaft aggressiv und destabilisierend sei (34), schleicht sich von Zeit zu Zeit der Eindruck der Schwarzmalerei seitens des Autors ein. Dieses Werk ist umso mehr nichts für Leser, die einen Beziehungsratgeber erwarten. Ist man allerdings an ein unterhaltsames Buch über die Einflussfaktoren und den Umgang des Ärgers in Paarbeziehungen ohne übermäßige fachwissenschaftliche Hintergründe interessiert, wird man dieses Werk mit Freude lesen. Durch den belebenden und einfachen Schreibstil *Kaufmanns* ist das Buch auch für Laien leicht zugänglich. Zusätzlich ermöglichen die gründliche Kapiteleinteilungen nachvollziehbare Argumentationsketten. Seine Analyse hinsichtlich des Beziehungsalltages heterosexueller Paare untermauert er erfolgreich mit zahlreichen metaphorischen Darstellungen, sodass das Werk sowohl als soziologisches Sachbuch als auch unter dem Thema der Unterhaltungsliteratur verkauft werden kann. So charakterisiert er den Ärger beispielsweise als etwas, unter dessen „[…] brodelnder Oberfläche […] endlose Erklärungswelten […]" versteckt liegen (12). Will man mehr über den Alltag von Paaren und den daraus resultierenden geschlechterspezifischen Handlungsmustern erfahren, kann man *Kaufmanns* andere Werke lesen. Auch hinsichtlich der Abhandlungen, denen er sich in *„Was sich liebt, das nervt sich"* widmet, nimmt er in vielen Momenten zu seinen bisherigen Veröffentlichungen Bezug. Er knüpft aus mikrosoziologischer Perspektive an jene alltäglichen Themen an, ohne dem Leser jedoch völlig neue Erkenntnisse zu offenbaren.

Literaturverzeichnis

Goffman, Erving (1969), Wir alle spielen Theater. Die Selbstdarstellung im Alltag. München: Pieper (orig. 1959)

Goffman, Erving (1977), Rahmen-Analye. Ein Versuch über die Organisation von Alltagserfahrungen. Frankfurt: Suhrkamp (orig. 1974)

Kieserling, André (1999), Kommunikation unter Anwesenden, Studien über Interaktionssysteme. Frankfurt am Main: Suhrkamp

Lenz, Karl (1991), Erving Goffman – Werk und Rezeption. In: Hettlage, Robert/Lenz, Karl (Hrsg.), Erving Goffman – ein soziologischer Klassiker der zweiten Generation. Stuttgart/ Bern: 27-95

Lenz, Karl (2008), Persönliche Beziehungen. In: Willens, Herbert (Hrsg.), Lehr(er)buch Soziologie. Für die pädagogischen und soziologischen Studiengänge. Band 2. Wiesbaden: 681-701